DU

DESPOTISME

DE LA MONARCHIE, DE LA RÉPUBLIQUE

PAR

PAUL VÉRET

de Roye (Somme)

Dépôt chez les principaux Libraires

AMIENS
TYPOGRAPHIE OSCAR SOREL
RUE DU LYCÉE, 73
—
1878

LE DESPOTISME,

LA MONARCHIE, LA RÉPUBLIQUE.

INTRODUCTION.

L'ignorance abrutit les peuples et engendre le fanatisme et les abus ; l'instruction et l'éducation, au contraire, les combattent, et apportent chez les peuples la *Vérité*, la *Justice* et la *Civilisation*.

Par l'exposé suivant, on sera à même de juger quels désordres a produits l'ignorance dans les temps passés du Despotisme et de la Monarchie, et quel avenir l'Instruction et l'Education, œuvres de la démocratie promettent, par contre, aux générations futures.

DU DESPOTISME.

Le Despotisme est le pouvoir tyrannique, arbitraire et absolu d'un seul. Le principe des Etats despotiques est qu'un seul homme gouverne tout, suivant ses volontés, n'ayant d'autre loi dominante que celle de son ambition et de ses caprices. *Obéissance, Châtiment* : voilà la loi des souverains despotes ! Chez eux, tous les hommes sont esclaves : le droit naturel, la justice égalitaire sont méconnus. L'appui de leur gouvernement ne reposant que sur le sabre et sur la crainte de leur vengeance et de leurs châtiments, tous les courages sont alors abattus et tous les esprits bouleversés ; puis toutes ces religions bâtardes, sœurs et auxiliaires du Despotisme, ajoutant encore, dans leurs prédications, de nouvelles craintes, de nouveaux préjugés et des châtiments éternels à ceux déjà imaginés par les despotes de cette terre d'oppression, finissent toujours par détruire, par le fanatisme et la superstition, tous les germes d'intelligence donnés à l'homme par le Créateur, et par éteindre tout flambeau progressif et civilisateur.

Le gouvernement despotique s'exerce d'abord sur des peuples timides, ignorants et abattus ; tout y roule sur un petit nombre d'idées ; l'éducation s'y borne à mettre la crainte dans le cœur et la servitude en pratique ; le savoir y est dangereux, l'émulation funeste ; il est également pernicieux qu'on y raisonne bien ou mal : il suffit seulement qu'on cherche à raisonner pour choquer et porter ombrage à ce genre de gouvernement.

L'Instruction et l'Education sont bannies des empires despotiques : l'Ignorance était le plus beau fleuron de leurs couronnes ; de sorte que le savoir, les talents, la liberté publique, tout est mort sous le joug du pouvoir despotique.

Le souverain despote a droit de vie et de mort sur tous ses sujets : sa volonté fait la loi, et l'exécution de sa volonté fait alors la justice.

Énumérer ici toutes les cruautés, toutes les injustices et toutes les infamies du despotisme est un travail par trop considérable en matières. Nous n'oserions, du reste, l'entreprendre ; car, encore à l'heure qu'il est, et quoique sous le règne de la liberté, dit-on, il y a trop de risques à courir à vouloir publier la Vérité. Nous nous contenterons donc, quant à présent, de renvoyer nos lecteurs à l'histoire ; bien que sous tous les gouvernements despotiques et monarchiques, la persécution ait toujours été en permanence à l'égard des historiens éclairés et impartiaux, qui, par ce fait, ont toujours été forcés de passer sous silence les actes les plus monstrueux du Despotisme. Néanmoins, quoique ainsi mitigée, faussée et très-souvent dénaturée, l'histoire contient encore assez d'exemples affligeants pour émouvoir et toucher les cœurs les plus endurcis de notre civilisation bien imparfaite.

La *Vérité* et la *Justice* étant de toute éternité, il est incontestable que les gouvernements despotiques ne reposent point sur ces principes, puisqu'ils s'écroulent et disparaissent aux premiers rayons de la civilisation.

On peut donc dire sans crainte que le Despotisme est le règne de l'ignorance, des abus et de la barbarie, autrement dire, le règne de la misère et du démon sur la terre.

DE LA MONARCHIE.

Les excès en tout genre du despotisme, en irritant les peuples, provoquèrent des révolutions successives qui amenèrent son renversement et l'avènement de la Monarchie.

La *Monarchie* est composée d'un souverain (empereur ou roi), de ministres, de sénateurs ou pairs, et de députés.

Le trône est héréditaire ; il suffit d'être fils de roi pour régner. Par conséquent, tant mieux pour le peuple si cet héritier du trône est vertueux et intelligent ; mais aussi tant pis s'il est, au contraire, ignorant et vicieux. Le principe héréditaire de la Monarchie exclut du trône les hommes les plus éminents et les plus vertueux qui, seuls, devraient y avoir droit, pour n'y faire monter, le plus souvent, que le vice et l'ignorance, qui ne devraient avoir place nulle part.

Les ministres, choisis par le Souverain, auront, de conviction ou de force, les mêmes principes, la même manière de voir que le monarque, auteur de leur existence ; les ministres seront ce que le Chef de l'Etat sera, vertueux ou vicieux.

Les Sénateurs ou Pairs, créés aussi par le souverain, ne sont, à vrai dire, par le fait, que les esclaves du pouvoir, et leur mission consiste à prôner bien haut les projets et les volontés du monarque dont ils sont, pour ainsi dire, les âmes damnées. Aussi, dirons-nous des Sénateurs ou Pairs ce que nous avons dit des ministres et des rois : Tant mieux pour le peuple si le Chef de l'Etat est vertueux, comme aussi tant pis s'il est, au contraire, ignorant et vicieux.

Si le choix et la création des Sénateurs ou Pairs par le Chef de l'Etat ont pour but de donner une nouvelle force et une nouvelle puissance à ses volontés, n'ont-ils pas, par contre, l'inconvénient funeste de mettre les affaires du pays, l'intérêt de tout un peuple à l'aventure et dans les mains d'hommes qui, le plus souvent, n'ont d'autre mérite que d'être les flatteurs et les très-humbles serviteurs des monarques.

Les Députés sont les élus de la volonté et du vote de la plus faible partie de la population payant le cens d'impôts fixés par la loi, à l'exclusion du plus grand nombre qui, privé de fortune, ne paye pas assez d'impôts pour être électeur.

La députation étant une place honorifique et les frais de séjour à Paris et de représentation étant à la charge du député, les grandes fortunes ont donc seules accès à la candidature et à l'élection. Les intelligences d'élite, privées de fortune, ne peuvent jamais, avec ce mode, arriver à la députation, et mettre ainsi leurs connaissances et leurs lumières au service de leur pays.

Les fortunes considérables de nos grands seigneurs, qui deviennent presque tous députés, doivent leur origine à la féodalité, et la loi de la prescription par la jouissance trentenaire, décrétée en 1804, est le seul et unique titre de leurs propriétés ; aussi peut-on appeler cette loi l'usurpation légale de la propriété. Cette caste de gros seigneurs, ayant toujours sucé et suçant encore, à la mamelle aristocratique, le lait qui nourrit les Sénateurs ou les Pairs, les ministres et les rois, est par conséquent imbue des mêmes principes, des mêmes mœurs, des mêmes erreurs et leur manière de voir à l'égard du peuple est de perpétuer l'axiome despotique : Faisons du peuple notre pâture quotidienne.

Ainsi, la Monarchie, composée en apparence d'éléments hétérogènes devant soutenir les intérêts du peuple contre l'arbitraire et la cupidité des rois, n'est en réalité, qu'une macédoine d'éléments homogènes, marchant vers le même but, *celui de vivre dans les plaisirs aux dépens du peuple ;* de sorte que la différence qui existe entre le Despotisme et la Monarchie, c'est qu'avec le Despotisme le peuple n'a à satisfaire qu'un seul tyran, et qu'avec la Monarchie le nombre en est illimité ; puisque chaque employé salarié du Gouvernement se croit, dans son emploi, un petit potentat, usant toujours de sa position et de son autorité pour bien vexer et bien châtier le peuple qui, toujours battu, s'estime fort heureux de porter son argent à des gouvernements qui le traitent et le protègent si bien. Aussi, depuis l'avènement de notre Monarchie Constitutionnelle, les impôts sont-ils doublés, et si cela continue encore un peu, il arrivera certainement que la moitié de la population sera payée pour espionner et flageller l'autre moitié.

Personne n'ignore, ou du moins personne ne doit ignorer ici-bas, que Dieu a créé l'homme pour vivre heureux sur la terre en travaillant. Eh bien ! les fausses et exécrables organisations sociales et gouvernementales du Despotisme et de la Monarchie n'ont jamais d'autres résultats que, d'un côté, de procurer tous les plaisirs, tous les honneurs et toutes les jouissances aux gens oisifs et parasites, et de l'autre, toutes les privations, toutes les souffrances et toutes les misères aux travailleurs, qui, pourtant, produisent tout et nourrissent tout le monde à la sueur de leur front.

Devant un pareil contre-sens et une pareille monstruosité, ne devient-il pas évident, pour tout le monde, que ces deux formes de gouvernement étant en contradiction flagrante avec les lois de la raison, de la nature et du Créateur, doivent bientôt disparaître de ce monde.

DE LA RÉPUBLIQUE

ou le

VÉRITABLE GOUVERNEMENT DU PAYS

PAR LE PAYS.

Pourquoi la plupart des gouvernements s'écroulent-ils sans laisser rien de grand, rien de sublime à la postérité, tandis que le *Christ*, enfant du peuple, mort sur un gibet, émerveilla tout le monde et fut proclamé Dieu ?

C'est que les uns sont l'œuvre du mensonge, de la corruption, de l'ignorance, du fanatisme et de la barbarie, sans lesquels ils ne pourraient exister, et que l'autre, révélateur de la liberté, fut l'œuvre de la justice et de la vérité, seules choses immuables !

C'est que tous les gouvernements despotiques et

monarchiques, qui ne s'appuyent que sur le sabre, se sont imposés aux faibles par la force brutale et qu'ils ont pour organes fondamentaux: un monarque (empereur ou roi), des *ministres*, des *sénateurs* ou *pairs*, des *députés* !

C'est que n'arrivent au trône et ne deviennent souverains et maîtres des nations que les fils des rois ; leurs aïeux ont su prendre brutalement une puissance sur leurs semblables ; ils gardent la conquête et appellent cela : le Droit divin.

C'est que sont choisis *ministres* les plus intrigants, les plus souples en courbettes, ceux enfin qui préviennent et satisfont le mieux les désirs et les passions des monarques, et, chose remarquable, plus ces hommes réussissent à faire croire aux autres le contraire de ce qu'ils pensent et veulent faire, plus ils sont réputés éminents et profonds politiques !

C'est que deviennent *sénateurs* ou *pairs* les plus persévérants dans la voie des ténèbres, ceux qui approuvent toujours sans contrôle tous les actes, tous les caprices du *chef de l'État !*

C'est que sont nommés *députés* les plus riches de chaque département, ceux qui ayant sucé le même lait aristocratique des *ministres* et des *sénateurs* ou *pairs*, sont imbus alors des mêmes préjugés, des mêmes erreurs, de la même ambition et du même orgueil !

C'est que l'argent, la corruption, l'influence, l'intimidation sont les chevilles ouvrières qui font toujours mouvoir les élections !

C'est que ces différents systèmes de corruption atteignent le même but, celui de prévaloir sur l'ignorance universelle des masses !

C'est que les élus, ou plutôt les choisis, devenus les âmes damnées de ces gouvernements dont ils sont la raison d'être et par lesquels ils existent, cherchent à éteindre tout flambeau, à rendre toutes ténèbres plus épaisses ! ! !

C'est qu'au contraire le Christ et ses douze apôtres furent les seuls organes du vrai christianisme !

C'est que le berceau du Christ fut la misère !

C'est que les travaux manuels et intellectuels occupèrent toute son adolescence et qu'homme il fut le modèle de toutes les vertus !

C'est qu'ayant vu défiler devant lui le long cortége des turpitudes humaines, il arbora l'étendard de l'humanité sur lequel il écrivit ces quatre mots :

Vérité, Justice, Amour, Liberté !

C'est qu'il attaqua, par la discussion, le mensonge, la corruption, le fanatisme et la barbarie !

C'est que, sous la force de son éloquence et la profondeur de son génie, tout l'absurde tomba, toutes les ténèbres s'illuminèrent !

C'est qu'il démasqua tous les vices, toutes les méchancetés et toutes les infamies des Princes des prêtres du paganisme, des seigneurs et des rois de cette époque !

C'est que ceux-ci gorgèrent d'or et de vin la foule ignorante courbée sous leurs chaînes, que lui, Christ, venait délivrer au nom du *Très-Haut* et de l'*Humanité*; et que cette multitude abrutie et stipendiée l'appela imposteur, le flagella, lui cracha à la face et le cloua sur un gibet!

C'est que la mort du Christ remplit tout l'univers!

C'est que les *ministres*, les *pairs*, les *députés* de ce grand réformateur d'abus furent douze misérables pécheurs dont les cœurs brûlants d'amour avaient reçu ses sublimes maximes!

C'est que ces douze hommes pauvres et inoffensifs parcoururent le monde en proclamant la *Vérité*, la *Justice*, l'*Amour* et la *Liberté!*

C'est qu'à ces paroles magiques l'opprimé tressaillit et ses larmes cessèrent de couler, l'esclave se sentit sourire, et ses chaînes tombèrent brisées; puis, s'éclairant au flambeau divin de la Vérité, les peuples contrits de leur erreur, s'agenouillèrent en tremblant devant ce honteux et terrible instrument de mort, sur lequel ils avaient crucifié le *novateur* et *Christ* fut alors déifié, et les noms de *Rédempteur*, de *Jésus*, de *Sauveur du monde* se résumèrent dans ces deux mots : *Ecce Homo.*

Ecce Homo ! c'est-à-dire voilà l'homme qui est venu dire à tous les peuples : « Soyez tous frères sur la terre, que l'union et la paix soient avec vous. »

Ecce Homo ! voilà l'homme qui, lorsque les rois et les grands de la terre, malgré leurs nuées de satellites, de flatteurs et d'espions, tombent tout éperdus de leurs trônes ou en descendent pour devenir l'objet d'un éternel oubli, seul et sans armes fit la conquête du monde avec le drapeau de la Liberté !

Ecce Homo ! voilà l'homme dont l'empire est immense et sera de toute éternité, car il règne sur les cœurs ; car sa domination est toute paternelle, tandis que la puissance étroite, mesquine, factice, brutale et souvent homicide des grands et des rois de la terre s'enfuit chaque jour comme une ombre.

Enfants du peuple, quel grand enseignement ! allons, debout, courage, confiance, car le moment approche où vous aussi, à l'exemple des douze apôtres, devrez prêcher à tous la *Vérité*, l'*Amour*, la *Justice* et la *Liberté* !

Tenez-vous à la hauteur de cette grande et immortelle mission, et, avec l'aide de Dieu, vous achèverez l'œuvre des martyrs du vrai christianisme et rendrez libre et vertueux tous les peuples de la terre !

Et vous, légistes, moralistes, publicistes, financiers, agriculteurs, industriels, commerçants et travailleurs, vous, les pères de ces enfants appelés à opérer de si grandes choses, cessez d'être les antagonistes du progrès et de la civilisation ; unissez au contraire toutes les résistances contre les ténèbres, le fanatisme, le despotisme et le mensonge ; concourez tous au triomphe de la *Vérité*, de la *Justice* et de la *Liberté*, afin de faire de la France une espèce d'arche sainte où le pauvre comme le riche, ou le faible comme le fort trouveraient toujours une protection égalitaire !

De même qu'une explosion est imminente si on veut se servir d'une machine à vapeur usée ou en désordre, de même on court à une catastrophe imminente si on persiste à suivre un système gouvernemental impuissant à faire le bien ! Oui, tout gouvernement qui marche aveuglément dans cette voie fatale, court à coup sûr rapidement vers l'abîme où se sont engloutis tous les gouvernements qui l'ont précédé ! Chacune de ces effrayantes catastrophes fait trop de victimes pour ne point en observer les causes, afin de chercher tous les moyens d'en empêcher le retour.

Puisque nul gouvernement despotique ou monarchique n'a pu se conserver pur et sans tache et que la plupart ont laissé leurs peuples dans une position aussi critique que celle que nous subissons actuellement par l'incurie et les fautes de Napoléon III, il faut donc chercher des garanties de bonheur et de stabilité dans le règne de la *Liberté*, de la *Justice* et de la *Vérité*, ces trois grandes choses que Dieu fit immuables et éternelles comme lui !

Que chacun de nous apporte sa pensée au banquet de la pensée individuelle, car la faim intellectuelle de l'humanité n'est pas assouvie ; que celui qui n'a pas de gâteaux apporte sa miette, sa parcelle, et le miracle de la multiplication des pains ne sera plus désormais qu'une simple parabole. Oui c'est un devoir pour tous sur cette terre d'apporter sa pierre à l'édifice social !

D'abord, qu'ont fait depuis des siècles tous les gouvernements monarchiques pour l'instruction du peuple, pour l'industrie, pour le commerce et pour l'agriculture d'où découlent cependant la civilisation, le bien-être et la prospérité des nations!

La masse du peuple est encore dans l'ignorance la plus complète, elle souffre et ne connaît même pas la cause de ses souffrances ; elle est privée de toutes choses, son dénûment est extrême, et elle ignore encore tout ce qui lui manque !!! L'industrie, le commerce et surtout l'agriculture, accablés de charges et d'impôts, vont bientôt tomber et pour ne plus, peut-être, se relever, sous le fardeau qui les épuise chaque jour, quand, par contre, tous les riches parasites possèdent toutes les richesses et toutes les jouissances de la vie !

Il faut donc à la France un gouvernement en rapport avec le siècle, lequel, pour lier les intérêts de tous, soit organisé de telle sorte que le travail soit le premier récompensé, afin que l'agriculture, l'industrie et le commerce, au lieu de la ruine et la misère, se développent, au contraire, par l'aisance et la prospérité. ——

La Société est un composé d'éléments et d'intérêts divers ; vouloir protéger et défendre la Société, c'est vouloir évidemment protéger et sauvegarder les intérêts de tous. Or, quoi de plus naturel et de plus logique qu'un gouvernement représenté par tous ces éléments et tous ces intérêts. Une semblable organisation donnerait à la représentation nationale son véritable caractère, puisqu'en effet, elle serait par ce fait, tout à la fois politique, agricole, industrielle, morale et humanitaire.

Voici un système gouvernemental qui, selon nous, doit atteindre le but :

1° Une Assemblée nationale souveraine, choisissant dans son sein son président, chargé de faire exécuter, par des ministres responsables, les décisions de cette même Assemblée ;

2° Les élections auraient deux degrés, savoir :
Délégués cantonaux ou Conseillers généraux ; Députés représentants ;

3° La Société serait divisée en cinq catégories : 1° Légistes, Moralistes et Publicistes : 2° Agriculteurs ; 3° Industriels ; 4° Commerçants ; 5° Travailleurs.

4° Les Délégués cantonaux, comme les Députés, seraient nommés pour six ans, mais renouvelés par tiers tous les deux ans. A la première élection, et comme ligne de démarcation, un tirage au sort, dans chaque catégorie, désignerait les Délégués, ainsi que les Députés qui devraient siéger deux, quatre et six ans ;

5° Vote par catégorie, au chef-lieu de canton, pour la nomination d'un délégué de chaque catégorie ;

6° Réunion de tous les Délégués cantonaux au chef-lieu du Département pour procéder, par catégorie, à la nomination d'un Député à l'Assemblée nationale ;

7° Réunion obligatoire, tous les trois mois, au chef-lieu du Département, des Délégués cantonaux de chaque catégorie, pour être présidés par le Député de leur catégorie respective, afin d'y discuter le rapport que chaque délégué sera tenu de déposer sur le bureau du Président, rapports qui indiqueront les besoins de chaque catégorie et qui signaleront les améliorations à opérer dans le canton ;

8e Dépot obligatoire, tous les trois mois par les Députés, sur le bureau de l'Assemblée nationale, du rapport de chaque catégorie, signé collectivement par tous les membres de chaque catégorie ;

9° Nomination, dans le sein de l'Assemblée nationale, d'une Commission, composée de cinq membres chargés de résumer et de discuter les rapports de toutes les catégories ;

10° Création d'un Journal national, publié et affiché dans chaque commune par les soins du Maire, rapportant textuellement les rapports des Délégués, des Députés, et de la Commission, ainsi que les procès-verbaux des discussions et des votes de l'Assemblée nationale.

Avec le suffrage universel, tel qu'il a été pratiqué jusqu'alors, qu'est-il sorti des urnes électorales ? Les noms des plus influents, des plus riches d'un pays et, souvent aussi, ceux des hommes d'une coterie. C'était l'œuvre de l'ignorance, du fanatisme et de la corruption.

Aujourd'hui, notre malheureuse France, si cruellement éprouvée, instruite par les événements funestes que nous venons de traverser, a besoin, pour se régénérer, d'un gouvernement issu d'un vote libre, sans pression, rationel, d'un vote qui ne puisse avoir été faussé en aucune manière.

C'est pour cela qu'il est établi autant de catégories d'électeurs qu'il y a d'industrie dans la société ; chaque électeur mandant ainsi à l'Assemblée départementale et à l'Assemblée nationale, tous les intérêts seraient défendus par un nombre égal de Délégués et de Députés.

Afin de mieux faire comprendre toute la puissance de cette nouvelle organisation, nous allons en déduire toutes les conséquences.

Avec une Assemblée souveraine, il y aura homogénéité parfaite dans le pouvoir, et dés lors, le Président pourra faire exécuter, par des ministres responsables, les décisions prises par l'Assemblée nationale ; le passé a suffisamment démontré les conséquences déplorables des deux pouvoirs constamment aux prises dans un État.

Les élections à deux degrés et par catégories offriraient au pays les avantages suivants : le premier, d'avoir forcément une Chambre agricole, industrielle et commerciale ; le second, de mettre tous les électeurs de chaque catégorie dans la possibilité de choisir pour délégués cantonaux, les hommes les plus aptes à représenter leurs intérêts, et ces mêmes Délégués, représentant une catégorie à laquelle ils sont intéressés, auraient tout intérêt à faire prospérer une cause qui leur appartient, et, tout en travaillant pour eux, travailleraient en même temps pour tous.

En nommant ses Délégués et ses Députés pour six ans, et les renouvelant, par tiers, tous les deux ans, le Pays aura toute garantie pour ses institutions, puisqu'il pourra, par une nouvelle élection partielle tous les deux ans, modifier ou donner une plus grande impulsion à l'Assemblée nationale.

La réunion, tous les trois mois, au chef-lieu du département des Délégués cantonaux de chaque catégorie et le dépot de leurs rapports, sous la présidence du Député envoyé par eux à l'Assemblée nationale, aura pour conséquence de forcer chaque Délégué à signaler, dans son rapport, tous les besoins d'amélioration que réclame son industrie. L'amour propre de tous les Délégués étant stimulé, ces rapports auront pour effet le développement de toutes les industries et l'augmentation de tous les produits. Ces rapports seront, en outre, pour les Députés des documeuts précieux pour établir les rapports en noms collectifs qu'ils seront, eux aussi, forcés de déposer tous les trois mois sur le bureau de l'Assemblée nationale.

L'obligation où se trouveront les Députés de chaque catégorie de déposer, tous les trois mois, leurs rapports signés en noms collectifs, fera que tous les Députés de la même catégorie seront obligés de se réunir fréquemment pour en jeter les plans, les travailler, les discuter et les annoter soigneusement avant de les signer. Comme ce travail aura pour but d'obtenir les améliorations réclamées par les Délégués cantonaux, ces travaux prendront ainsi ce caractère d'utilité publique que n'ont jamais eu les séances oiseuses ou tumultueuses d'autrefois.

La nomination d'une Commission de cinq membres pris dans chaque catégorie de Députés, sera à coup sûr, un foyer de lumières, puisque la réunion de cette

Commission sera en quelque sorte la science infuse. En effet, les Délégués cantonaux nommés par le pays à cause de leurs capacités relatives, choisissant parmi eux les plus instruits, les plus aptes pour représentants; ceux-ci élisant ensuite, pour être membres de la Commission, les hommes tout-à-fait supérieurs, cette Commission renfermerait dans son sein toutes les célébrités comme Moralistes, Légistes, Publicistes, Agriculteurs, Industriels, Commerçants et Travailleurs, et serait, pour ainsi dire, le grand sanctuaire de la Morale, de la Science, de l'Agriculture, du Commerce et du Travail ; cette Commission serait enfin, disons-nous, le flambeau de la vraie civilisation et de l'humanité.

Le Journal national, envoyé gratis à chaque commune où il serait publié et affiché par les soins du Maire, rapportant textuellement, dans ses colonnes, les rapports des Délégués et ceux des Députés, les extraits de la Commission, les procès-verbaux, les discussions et les votes de l'Assemblée nationale, serait assurément le *vox Dei, vox populi* de notre époque, car la population trouverait dans les colonnes de ce Journal un cours complet et raisonné de Droit, de Morale, de Science, d'Agriculture, d'Industrie, de Commerce et du Travail.

Si nous reconnaissons qu'une terre non cultivée ne peut produire, mais que, bien cultivée et bien pourvue d'engrais, cette même terre donnerait des produits abondants, nous devons reconnaître quelle énorme différence il doit exister entre une population instruite et éclairée et une autre ignorante et brute; par le même raisonnement, nous devons également conclure qu'un Etat social, assis sur l'ignorance des masses, sur l'égoïsme et la méchanceté, sans guide morale, sans but humanitaire et sans appui matériel et solide, ne peut produire que perturbation. ruine et misère, et que le contraire aurait lieu forcément si cet Etat social avait pour base l'Humanité, la Justice et la Vérité, et pour but le bien-être de l'Humanité ; si, en un mot, chacun apportait sa pierre à l'édifice social.

Français, que ces vérités, qui sont aussi incontestables qu'elles sont éternelles, nous fassent enfin ouvrir les yeux, et justifions notre titre de première nation civilisée en prenant pour base d'un nouvel Etat social la **Vérité, la Justice et la Liberté.**

Roye, le 16 août 1874.

P. VÉRET.

Amiens. — Imp. Oscar Sorel.

OUVRAGES DU MÊME AUTEUR

Adressés également en 1852 et 1853 aux Représentants de la France.

Plus de disette en France. — Moyens infaillibles de faire tout fleurir et prospérer, en évitant au pays une perte sèche de 150 à 200 millions sur les céréales tous les cinq à six ans.

Réponse à M. Delamarre, ou la condamnation du Crédit foncier.

Question matérielle. — Explication des causes qui ont fait augmenter de valeur le sol de la France depuis 1789.

De la conservation indéfinie des grains et de liquides sans manutention, détérioration et déchet.

Question morale. — Explication des plaies sociales.

Les Concours agricoles et leurs effets.

Le Progrès agricole et ses effets.

Question du Despotisme, de la Monarchie, et de la République.

Les Défrichements par l'armée des terres incultes de France (soit onze millions d'hectares).

La France régénérée par la transformation des Impôts, dotant le Pays de moyens d'action d'une puissance inconnue jusqu'alors.

Le véritable Crédit agricole.

Question matérielle de la Propriété.

Question financière.

Question judiciaire. La Justice gratuite et égalitaire.

SOUS PRESSE :

Ce que Napoléon III a fait pour tout perdre. — Ce qu'il aurait dû faire pour tout sauver.

Question religieuse, les Paroles d'un Croyant, le Catholicisme, le Protestantisme, la Liberté de Conscience, les libres Penseurs.

Prospérité ou Décadence d'une Nation.

Amiens. — Typographie Oscar SOREL.

www.ingramcontent.com/pod-product-compliance
Lightning Source LLC
Chambersburg PA
CBHW070454080426

42451CB00025B/2728